Leoncito aprende una lección

Paula Navarrete

EDIQUID

LEONCITO APRENDE UNA LECCIÓN

Editado por: Corporación Ígneo, S.A.C.
para su sello editorial Ediquid
José Olaya 169, Ofic. 504, Miraflores. Lima, Perú
Primera edición, octubre, 2024

ISBN: 978-612-5160-84-3
Tiraje: 50 ejemplares

Hecho el Depósito Legal en la Biblioteca Nacional del Perú N° 2024-10625
Se terminó de imprimir en noviembre de 2024 en:
ALEPH IMPRESIONES SRL
Jr. Risso Nro. 580 Lince, Lima

www.grupoigneo.com
Correo electrónico: contacto@grupoigneo.com | Teléfono: +51 955 071 270
Facebook: Grupo Ígneo | X: @editorialigneo | Instagram: @grupoigneo

Colección: Infantil

Leoncito es un niño que se caracteriza por ser muy alegre, amoroso, divertido, juguetón y también curioso...

A Leoncito le encanta jugar con agua
y llenar su piscina para divertirse.

También le gusta aprender cosas nuevas, como encajar piezas de *puzzles*.

Conocer a otros niños y niñas y divertirse en lugares entretenidos, como una piscina de pelotas.

Leoncito siempre realiza actividades agradables con su mamá. Una vez, elaboraron con arcilla un lindo florero para mantener las flores que recolectan de su hermoso jardín.

También ayuda a su mamá a regar su huerto y cosechar vegetales frescos para comerlos en el almuerzo y la cena.

Además, le gusta mucho dibujar y colorear

¡Ayúdalo a colorear a esta linda familia de ositos felices!

A Leoncito le divierte salir a jugar al parque, columpiarse y lanzarse por los resbalines.

También le encanta conocer lugares novedosos junto a su mamá y papá.

Leoncito es un niño muy amado, y sus padres lo cuidan mucho para que nada malo le pase. Es por ello que, al salir a la calle, para caminar seguro y evitar algún accidente, Leoncito debía tomarse de las manos de sus papás.

La mamá de Leoncito le ha explicado que en la calle existen muchos peligros de los que deben cuidarse. Algunos de ellos son que los autos pasan muy rápido, también que se pueden encontrar con personas extrañas o animales sin dueño.

Además, los caminos a veces son irregulares, lo que podría hacer que se tropiecen y se lastimen. Por eso es importante no soltar la mano de la mamá o del papá.

Sin embargo, Leoncito, que es un niño muy curioso, a veces quería soltar la mano de sus papás para ir a descubrir algo nuevo, sin prever los peligros que se podrían presentar.

Hasta que un día, mientras paseaban por el parque como de costumbre, algo llamó poderosamente la atención de Leoncito, y con mucha audacia se soltó de la mano de sus papás, mientras ellos exclamaban: «¡No, hijito, no te sueltes de nuestras manos! ¡La vereda es irregular!».

Sin embargo, Leoncito, que es un niño muy veloz, corrió rápidamente. Mientras tanto, sus papás iban detrás exclamando: «¡Hijito, espera!».

Y de repente... ¡Catapum!
Leoncito se cayó.

Se lastimó su rodilla, labio y nariz.

Cuando llegaron a la casa, la mamá de Leoncito lo consoló, le dio muchos besos, le curó sus heridas y, una vez que estaba más tranquilo, le dijo: «Hijito, ¿qué te dije yo? Que no soltaras nuestras manos». Y Leoncito, arrepentido, le respondió: «Sí, mamita, lo siento, ya aprendí la lección y, desde ahora, no soltaré sus manos cuando salgamos a la calle».

Desde ese día, Leoncito siempre fue obediente con sus papás y continuó siendo un niño feliz y alegre junto a su familia.

FIN

www.ingramcontent.com/pod-product-compliance
Lightning Source LLC
LaVergne TN
LVHW071228160826
845679LV00003B/937
9786125160843